Andreas Backendorf

Faszination ADHS. Vom „Zappelphilipp" bis zum „Hans-guck-in-die-Luft"

GRIN Verlag

Bibliografische Information der Deutschen Nationalbibliothek:

Die Deutsche Bibliothek verzeichnet diese Publikation in der Deutschen National-
bibliografie; detaillierte bibliografische Daten sind im Internet über http://dnb.d-
nb.de/ abrufbar.

Impressum:

Copyright © 2013 GRIN Verlag GmbH
Druck und Bindung: Books on Demand GmbH, Norderstedt Germany
ISBN: 978-3-656-59052-1

Dieses Buch bei GRIN:

http://www.grin.com/de/e-book/267881/faszination-adhs-vom-zappelphilipp-bis-
zum-hans-guck-in-die-luft

GRIN - Your knowledge has value

Der GRIN Verlag publiziert seit 1998 wissenschaftliche Arbeiten von Studenten, Hochschullehrern und anderen Akademikern als eBook und gedrucktes Buch. Die Verlagswebsite www.grin.com ist die ideale Plattform zur Veröffentlichung von Hausarbeiten, Abschlussarbeiten, wissenschaftlichen Aufsätzen, Dissertationen und Fachbüchern.

Besuchen Sie uns im Internet:

http://www.grin.com/

http://www.facebook.com/grincom

http://www.twitter.com/grin_com

Fachbereich I, Pädagogik

Modul IV Sozialpädagogik:
Theorie, Geschichte und Wandel des sozialpädagogischen Feldes
Seminar: Soziale Arbeit in der Psychiatrie
Veranstaltungsnummer: 12201

Sommersemester 2013

Faszination ADHS – Vom „Zappelphilipp"
bis zum „Hans-guck-in-die-Luft"

Andreas Backendorf
Fachsemester 8
Erziehungswissenschaft, Bachelor (Kernfach)

Abgabe: 21.06.13

Inhaltsverzeichnis

1 Einleitung

„Ich muss Ihnen leider mitteilen, dass bei ihrem Kind ADHS festgestellt wurde". So oder so ähnlich könnte die Diagnose eines Arztes lauten, nachdem das Kind immer wieder negativ aufgefallen ist. Diese Diagnose scheint in der heutigen Zeit auch kein Einzelfall zu sein, denn immer mehr Experten und Krankenkassen warnen vor dem sogenannten „Zappelphilipp-Syndrom", der psychischen Störung des Aufmerksamkeitsdefizit/Hyperaktivitätssyndrom, kurz ADHS. So ergab der Arztreport der Krankenkasse der Barmer GEK, dass sich die Zahl der jungen Heranwachsenden (unter 19 Jahren) mit ADHS zwischen den Jahren 2006 und 2011 um 42 Prozent erhöht hat (vgl. Uhlmann 2013, S. o. 1).

Somit gehört heutzutage die ADHS zu den häufigsten Diagnosen in der Kinder- und Jugendpsychiatrie und laut einer Umfrage unter Eltern sind 3-10 % aller Kinder davon Betroffen (vgl. Heinemann/Hopf 2006, S. 9). Der Vize-Chef der Barmer GEK, Rolf-Ulrich Schenker, schlägt deswegen Alarm und warnt vor der übermäßigen Diagnose des Syndroms, damit nicht der Anschein aufkommt, es existiere eine „Generation ADHS" (vgl. Beikler 2013, S.1).

Der Erfinder der Krankheit, der amerikanische Psychiater Leon Eisenberg, behauptet nun jedoch, rund 40 Jahre nach seiner Entdeckung im Jahre 1968, es handle sich um eine „fabrizierte Krankheit", da die Diagnosen auswucherten und die Medikamentenverschreibung explodierte[1]. Handelt es sich gar um eine Modekrankheit?

Die folgende Arbeit ist daher der Versuch, sich eingehend mit dem Phänomen ADHS auseinanderzusetzen. Dabei soll die Frage der Generation ADHS bzw. der „fabrizierten Krankheit", also die Annahme, es handele sich um keine psychische Krankheit, geklärt werden. Es werden alle schwierigen Seiten beleuchtet, sei es die Klassifikation oder die Problematiken bei der Diagnostik.

Zu Beginn wird das Syndrom aus einem historischen Blickwinkel betrachtet, um somit einen Einstieg und Einblick in das Thema zu bekommen. Hieran schließt sich eine Definition der Symptome sowie die Klassifikation an, während danach die Diagnostik im Kinder- und Jugendalter beleuchtet wird. Das vierte Kapitel beschäftigt sich mit den Ursachen des Syndroms, wobei schließlich ein Bezug zum Verlauf einer ADHS hergestellt wird. Therapiemaßnahmen werden in dieser Arbeit außer Acht gelassen, da es hauptsächlich darum geht, das Krankheitsbild und deren Verlauf zu erläutern.

---

[1] Online unter: http://www.zeit-fragen.ch/index.php?id=690 (Stand: 15.05.13)

2 Historische Betrachtung

In seinem 1845 erschienenen Bilderbuch „Struwwelpeter" beschreibt der Frankfurter Arzt Heinrich Hoffmann wohl als einer der Ersten ein Kind mit ADHS-ähnlichen Symptomen. In diesem Buch, welches unterteilt ist in mehrere kleine Geschichten, geht es um eine Reihe von Kindern, die sich nicht an die Regeln halten und sich ignorant ihren Eltern gegenüber verhalten. Die Folge: Es passieren ihnen Missgeschicke. So zum Beispiel die „Geschichte vom „Zappel-Philipp", der am Essenstisch nicht still sitzen kann und mit seinem Stuhl wackelt, woraufhin er letztlich mit diesem umkippt und dabei von der Tischdecke samt dem Essen begraben wird. Da dieses Buch jedoch keine medizinische Publikation ist sondern als Kinderbuch gedacht war, kann dies nicht als fachliche Schilderung bezüglich einer psychischen Störung angenommen werden. Nichtsdestotrotz ist es eine Anekdote, die noch im heutigen Sprachgebrauch zu finden ist, denn der Ausdruck „Zappel-Philipps" ist weiträumig bekannt. Häufig werden Kinder damit bedacht, die die Symptome des ADHS, welche im Laufe der Arbeit noch ausreichend thematisiert werden, aufweisen.

In seinem im Jahre 1891 erschienen Buch „ Die Charakterfehler des Kindes" erstellte Jean Paul Friedrich in einem Kapitel eine Psychopathologie des hyperkinetischen Syndroms in Verbindung mit ticartigen Erscheinungen (vgl. Heinemann/Hopf 2006, S. 9). Elf Jahre später, 1902, erschien ein medizinischer Bericht des britischen Arztes George Still, in dem er über von ihm behandelte Kinder berichtet, die unter anderem boshaft und trotzig sind. Anstatt dieses Verhalten auf falsche Erziehungsmethoden zu schieben, schrieb er die Probleme einer Dysfunktion des Gehirns zu (vgl. Ackermann-Stoletzky/Stoletzky 2004, S. 13).

Erste Gehversuche der Medizin in der Pathologie - dem Studium von unnormalen und krankhaften Zuständen und Symptomen im Körper - fanden aber nicht erst bei Jean Paul Friedrich, sondern bereits ab 1850 statt. Man begann unter anderem mit dem Versuch, psychische Phänomene von Kindern und Jugendlichen zu erforschen bzw. zu erklären. Die erste Beschreibung von Kindern mit Symptomen ähnlich der des ADHS bezog sich auf diejenigen, die ein abweichendes Verhalten bezüglich erwünschter Verhaltensnormen aufwiesen und dies als Ergebnis von geistiger Unruhe eingestuft wurde (vgl. Stiehler 2007, S. 26). Im 19. Jahrhundert waren die Tätigkeitsfelder von Medizin und Pädagogik noch klar getrennt und in den USA entwickelten sich die ersten neurologischen Untersuchungen. Zu dieser Zeit und zu Anfang des 20. Jahrhunderts, wurde die Feststellung gemacht, dass als Auslöser für eine psychische Störung, wie der des ADHS, nicht zwischen erzieherischen Defiziten und körperlichen Defekten unterschieden werden konnte (vgl. ebd., S. 30). In der heutigen Zeit wird das Symptom auf neurologische Schäden zurückgeführt, auch wenn die Ursachen weiterhin unbekannt sind.

Ab den 1930er Jahren wurden neurologische Krankheiten mit Psychostimulanzien behandelt. Fortan bekamen verhaltensauffällige Kinder entsprechende Mittel zur Beruhigung verabreicht (vgl. ebd., S. 37).

In den 70er Jahren begann dann die Behandlung mit Ritalin bzw. dem Wirkstoff Methylphenidat, um die ADHS-typischen Syndrome herabzusetzen, wenngleich der Wirkstoff schon in den 50er Jahren als Appetitzügler und Antidepressiva auf dem deutschen Markt erschien war (vgl. vgl. Ackermann-Stoletzky/Stoletzky 2004, S. 167).

Anhand dieser Ausführung lässt sich schon in etwa die Tendenz erkennen, dass das Phänomen ADHS schon über einen längeren Zeitraum in der Medizin existiert, auch wenn die Hintergründe und Ursachen lange Zeit im Dunkeln lagen und teilweise noch immer liegen.

Die folgenden Kapitel sollen nun detaillierter beschreiben und Aufschluss darüber geben, was genau ADHS eigentlich bedeutet, wie diese Krankheit definiert ist und wie sie in Erscheinung tritt.

3 Symptome/Klassifikation

Anhand des gängigen Klassifikationssystems DSM-IV der WHO wird die Aufmerksamkeitsdefizit/Hyperaktivitätsstörung (ADHS) zusammen mit der Störung des Sozialverhaltens in der Gruppe der „Störungen der Aufmerksamkeit, der Aktivität und des Sozialverhaltens" zusammengefasst. Ersteres wird hierbei zweigeteilt: Zum einen in Definitionskriterien von Impulsivität bzw. Hyperaktivität und zum anderen in Aufmerksamkeitsstörungen. Daraus ergibt sich eine Unterscheidung von drei Subtypen: 1.) **der Vorwiegend Unaufmerksame Typ**, 2.) **der Vorwiegend Hyperaktiv-Impulsive Typ** und 3.) **der Mischtypus**.

Doch um überhaupt zu der Sparte der Aufmerksamkeitsdefizit-/Hyperaktivitätsstörung zu zählen, ist es notwendig, bestimmte diagnostische Kriterien zu erfüllen: So zum Beispiel eine Störung der Aufmerksamkeit mit einer geringen Frustrationstoleranz, sowie die Neigung, Tätigkeiten vor deren Beendigung zu wechseln. Ebenfalls kann es zu einer gewissen Impulsivität in Form von verbalen oder motorischen Aktionen kommen, die sich außerhalb des sozialen Rahmens befinden. Die folgende Graphik zeigt nochmal detailliert, welche zugehörigen Merkmale und Störungen laut DSM-IV innerhalb der einzelnen Definitionskriterien auftreten können und müssen:

Diagnostische Kriterien für Aufmerksamkeitsdefizit-/Hyperaktivitätsstörung

Unaufmerksamkeit
1. Beachtet häufig Einzelheiten nicht oder macht Flüchtigkeitsfehler
2. Hat oft Schwierigkeiten, die Aufmerksamkeit bei Aufgaben oder beim Spielen aufrechtzuerhalten
3. Scheint häufig nicht zuzuhören, wenn andere sie/ihn ansprechen
4. Hält häufig Anweisungen anderer nicht durch und kann Arbeiten am Arbeitsplatz nicht zu Ende bringen
5. Hat häufig Schwierigkeiten, Aufgaben zu organisieren
6. Hat eine Abneigung gegen Aufgaben, die länger dauernde geistige Anstrengung erfordern
7. Verliert häufig Gegenstände, der sie/er für Aktivitäten benötigt
8. Lässt sich öfter durch äussere Reize ablenken
9. Ist bei Alltagsaktivitäten häufig vergesslich

Hyperaktivität
1. Zappelt häufig mit Händen oder Füssen und rutscht auf dem Stuhl herum
2. Steht in der Klasse oder in anderen Situationen, in denen sitzen bleiben erwartet wird, häufig auf
3. Läuft häufig herum oder klettert exzessiv in Situationen, in denen dies unpassend ist
4. Hat häufig Schwierigkeiten, ruhig zu spielen oder sich mit Freizeitaktivitäten ruhig zu beschäftigen
5. Ist häufig auf Achse oder handelt oftmals, als wäre sie/er getrieben
6. Redet häufig übermäßig viel

Impulsivität
1. Platzt häufig mit den Antworten heraus, bevor die Frage zu Ende gestellt ist
2. Kann nur schwer warten, bis sie/er an der Re ist
3. Unterbricht und stört andere häufig (z.B. platzt in Spiele oder Gespräche hinein)

online unter: http://www.medfuehrer.de/cms/getimage.php?u3854 (Stand: 16.05.13)

Das andere Klassifikationssystem, die ICD-10 der American Psychiatric Association (APA), weist für eine einfache Aktivitäts- und Aufmerksamkeitsstörung ähnliche Diagnosekriterien auf, wie das DSM-IV. Jedoch wendet das ICD-10 eine Dreiteilung zwischen den Kriterien von Überaktivität, Impulsivität und Unaufmerksamkeit an. Daraus erfolgt eine höhere Messlatte zur Diagnose einer ADHS als für das DSM-IV (vgl. Saß et al. 2001, S. 61). Während das ICD-10 für eine Diagnose das Vorhandensein von Unaufmerksamkeit, Überaktivität und Impulsivität, also alle drei Bereiche, voraussetzt, müssen beim DSM-IV lediglich sechs Punkte aus dem Kriterium Unaufmerksamkeit oder aus Hyperaktivität und Impulsivität zutreffen (vgl. Zaudig et al. 2000, S. 41). Hier wird noch einmal der Unterschied zwischen der Zweiteilung des DSM-IV und der dreigliedrigen Anwendung des ICD-10 deutlich. Die folgende Graphik zeigt nun die Kriterien nach ICD-10, um diesen Unterschied zu veranschaulichen:

Forschungskriterien Hyperkinetische Störung nach ICD-10
Unaufmerksamkeit*
1. Die Kinder: sind häufig unaufmerksam gegenüber Details oder machen Flüchtigkeitsfehler bei den Schularbeiten und sonstigen Arbeiten und Aktivitäten
2. Sind häufig nicht in der Lage, die Aufmerksamkeit bei Aufgaben und beim Spielen aufrechtzuerhalten
3. Hören häufig scheinbar nicht, was ihnen gesagt wird
4. Können oft Erklärungen nicht folgen oder ihre Schularbeiten, Aufgaben oder Pflichten am Arbeitsplatz nicht erfüllen (nicht wegen oppositionellem Verhalten oder weil die Erklärungen nicht verstanden werden können)
5. Sind häufig beeinträchtigt, Aufgaben und Aktivitäten zu organisieren
6. Vermeiden ungeliebte Aufgaben, wie Hausaufgaben, die häufig geistiges Durchhaltevermögen erfordern
7. Verlieren häufig Gegenstände, die für bestimmte Aufgaben oder Tätigkeiten wichtig sind, z. B. Unterrichtsmaterialien, Bleistifte, Bücher, Spielsachen und Werkzeuge
8. Werden häufig von externen Stimuli abgelenkt
9. Sind im Verlauf der alltäglichen Aktivitäten oft vergesslich
Überaktivität**
1. Zappeln häufig mit Händen und Füßen oder winden sich auf den Sitzen
2. Verlassen ihren Platz im Klassenraum oder in anderen Situationen, in denen Sitzenbleiben erwartet wird
3. Laufen häufig herum oder klettern exzessiv in Situationen, in denen dies unpassend ist (bei Jugendlichen oder Erwachsenen entspricht dem nur ein Unruhegefühl)
4. Sind häufig unnötig laut beim Spielen oder haben Schwierigkeiten, sich ruhig mit Freizeitbeschäftigungen zu befassen
5. Zeigen ein anhaltendes Muster exzessiver motorischer Aktivitäten, die durch die soziale Umgebung oder Vorschriften nicht durchgreifend beeinflussbar sind
Impulsivität*
1. Platzen häufig mit der Antwort heraus, bevor die Frage beendet ist
2. Können häufig nicht in einer Reihe warten oder warten bis sie bei Spielen oder Gruppensituationen an die Reihe kommen
3. Unterbrechen und stören andere häufig (z. B. mischen sie sich ins Gespräch oder Spiel anderer ein)
4. Reden häufig exzessiv, ohne angemessen auf soziale Beschränkungen zu reagieren

online unter: http://cdn.grin.com/images/preview-object/document.40582/8b7167fe2c03d64aa7bdd884a32868ec_SMALL.png
(Stand: 16.05.13)

Darüber hinaus ist die Diagnose der Störung an bestimmte Bedingungen geknüpft, um diese voreilig auszuschließen. So müssen die genannten Merkmale in einen beständigen Zeitraum von mindestens sechs Monaten auftreten (ICD-10), oder während der letzten sechs Monate aufgetreten sein (DSM-IV). Ferner ist es wichtig, dass die Symptome vor dem siebten Lebensjahr in Erscheinung treten und es bei der jeweiligen Person, dem Kind, zu einer Beeinträchtigung kommt (vgl. ebd., S. 36). Allerdings muss diese Beeinträchtigung in mindestens zwei Lebensbereichen, hier vor allem in Familie und Schule, situationsübergreifend zum Tragen kommen. Dabei ist es am wahrscheinlichsten, dass diese Beeinträchtigungen in unterschiedlich starker Intensität auftreten. Jedoch lässt sich sagen, dass, je höher die Anforderung an die Person ist, die Symptome stärker zum Vorschein kommen(vgl. Saß et al. 2001, S. 117). Auch bei der sozialen Komponente müssen eindeutige Risse bezüglich der Leistungsfähigkeit aufzuweisen sein (vgl. ebd., S. 115), unter anderem die Unfähigkeit anderen Menschen zuzuhören, sich aufs Gespräch zu konzentrieren oder aber etwa das Missachten von Regeln bei sportlichen Aktivitäten. Im Umkehrschluss dessen können die Merkmale wenig bis gar nicht auftreten, wenn sich die Person zum Beispiel in einem eng strukturierten Rahmen befindet oder für entsprechendes Verhalten belohnt wird (vgl. ebd., S. 116).

Das Thema der Klassifikation ist vorerst abgeschlossen, jedoch wird im Laufe der Arbeit, im Zuge der Verdeutlichung, nochmals auf verschiedene bereits genannte Aspekte zurückgegriffen. Das folgende Kapitel klärt nun die eigentliche Diagnostik.

4 Diagnostik

Vorweg muss klar gestellt werden, dass nicht alle ADHS-typischen Syndrome auf diese zurückgeführt werden können und somit die Diagnose, vor allem im Kindes – und Jugendalter, alles andere als leicht zu stellen ist (vgl. Ackermann-Stoletzky/Stoletzky 2004, S. 18). Um die Frage klären zu können, wie eine ADHS denn nun überhaupt diagnostiziert wird bzw. werden kann, muss zuerst der Begriff der Diagnostik genauer betrachtet werden. Unter einer psychologischen Diagnostik wird der Einsatz von festgeschrieben Testverfahren verstanden, die der Bewertung von Verhaltensweisen, Persönlichkeitseigenschaften und Fertigkeiten eines Individuums dienen. Dabei wird für diese Art der Diagnostik oft der Begriff der „Messung interindividueller Unterschiede" gebraucht. Die Beurteilungen zielen darauf ab, den Grad der Differenz einer Person in Bezug auf verschiedene Dimensionen von anderen anzugeben (vgl. Zimbardo/Gerrig 2008, S. 326).

Für die Diagnose der ADHS bedeutet dies zunächst einmal, dass die entwicklungsbedingte Hyperaktivität von Kleinkindern beachtet werden muss, da diese mehr motorische Aktivität zeigen als Kinder im fortgeschrittenen Alter. Des Weiteren muss eine entsprechende Abgrenzung von anderen Störungen stattfinden, die mit Symptomen der Hyperaktivität einhergehen, wie zum Beispiel Psychosen, Depressionen oder Autismus. Schließlich ist zu beachten, dass eine Diagnose nach Charakteristika der ICD-10 nicht ausreicht, da die ADHS oftmals mit komorbiden Störungen einhergeht und diese Begleiterkrankungen sollten ebenfalls erkannt und behandelt werden (vgl. Kahl et al. 2012, S. 5). Werden die genannten Kriterien befolgt, kann bei einer umfassenden und mit entsprechender Erfahrung durchgeführten Diagnostik eine ADHS diagnostiziert werden (vgl. Rösler et al. 2010, S. 24).

4.1 Diagnostischer Standard

Um die oben genannten Punkte zu gewährleisten, ist jedoch eine „Mehrebenendiagnostik" von Nöten um alle Eventualitäten ein- bzw. ausschließen zu können. Daraus ergibt sich ein diagnostischer Standard, der mehrere Verfahren beinhaltet, um eine entsprechende Diagnose stellen zu können (vgl. ebd., S. 30).

Die nun in den folgenden Kapiteln kurz beschrieben diagnostischen Methoden sollen einen Einblick in die Bausteine der Diagnostik im Kindes- und Jugendalter gewähren.

4.1.1 Anamnese/Exploration

Die Exploration bzw. Anamnese steht am Anfang einer klinisch-psychologischen Diagnostik und beginnt mit einem ausführlichen Gespräch zur Erhebung der gegenwärtigen Lebenssituation bzw. zur Erfassung der auftretenden Leitsymptome. Zusätzlich werden dabei störungsrelevante Risikofaktoren sowie Begleitstörungen, wie zum Beispiel Schulversagen, erfasst. Dabei geht es auch darum, wie oft und wie stark die Symptome in der Schule, im Kindergarten oder innerhalb der Familie auftreten. Je älter die Kinder sind, desto mehr werden sie in die Untersuchen mit eingebunden, weshalb die Anamnese zusammen mit dem Kind und den Personensorgeberechtigten durchgeführt wird (vgl. Bundesärztekammer 2007, S. 14). Zusätzlich zu den genannten Kriterien sind weitere Merkmale zu erfragen, die für eine erfolgreiche Exploration unabdingbar sind. So unter anderem: Geburtsparameter, Temperamentsmerkmale im Säuglingsalter und Sprachentwicklung. Ebenso wie Hygieneverhalten, motorische Entwicklung, Sozialverhalten, soziale Isolation, Regelverletzungen und zeitliche Dauer von Wutanfällen. Dies ist nur eine kleine, dafür aber eine umso wichtigere Auswahl. Ebenfalls zu beachten ist die bisherige Krankenakte des Kindes. Es geht also letztendendes um eine fundierte Analyse der gesamten Lebenssituation des Patienten, welche alle wichtigen Bereiche abdeckt. Um die Diagnose schlussendlich zu stellen, müssen die Symptome die geschlechts- und alterstypische Intensität von Aufmerksamkeit, Impulsivität und Hypermotorik sichtlich überschreiten und zu einem einschränkenden Lebensverhalten im emotionalen oder psychosozialen Bereich, wie zum Beispiel Selbstbewusstsein, führen. Zu berücksichtigen ist ebenfalls, wie in Kapitel 3 schon genannt, dass die Ersterkrankung vor dem siebten Lebensjahr in Erscheinung tritt und die vorhandenen Symptome in mindestens zwei Lebensbereichen auffallen (vgl. Rösler et al. 2010, S. 30ff).

4.1.2 Standardisiertes Fragebogenverfahren

Standardisierte Fragebögen sind vor allem für Eltern, Lehrer und Erzieher gedacht und werden nicht von dem zu untersuchenden Kind ausgefüllt, da die Eigenwahrnehmung oft nicht mit der Realität übereinstimmt. Diese Fremdbeurteilungsbögen basieren auf den gültigen Diagnosekriterien und sollen diese spezifisch abfragen (vgl. ebd., S. 32). So dient der Fremdbeurteilungsbogen für Hyperkinetische Störungen (FBB-HKS) bzw. der Fremdbeurteilungsbogen für Aufmerksamkeitsdefizit-/Hyperaktivitätsstörungen (FBB-ADHS) der Beurteilung der Diagnosekriterien nach ICD-10 bzw. DSM-IV durch Eltern, Erzieher oder Lehrer. Die Fragebögen enthalten alle Attribute für die Diagnose einer hyperkinetischen

Störung nach ICD-10 und die einer Aufmerksamkeitsdefizit-/Hyperaktivitätsstörung nach DSM-IV[2]. Die Attribute können bei Bedarf in Kapitel 3 noch einmal nachgeschlagen werden. Die Anamnese aus dem schulischen Umfeld spielt für die Diagnose eine wichtige Rolle, da aufgrund der hohen Anforderungen in der Schule wie z. B. Stillsitzen und konzentriertes Arbeiten, eine hohe Aussagekraft seitens des Fremdbeurteilungsbogens entsteht. Ob ein Kind letztlich dennoch mit in die Untersuchung einbezogen werden kann, hängt von der Komorbidität, dem Alter, der Introspektionsfähigkeit und dem Intelligenzniveau dessen ab (vgl. Rösler et al. 2010, S. 32).

Der Einsatz von Fragebögen kann jedoch eine umfassende Exploration nicht ersetzen (vgl. Ackermann-Stoletzky/Stoletzky 2004, S. 20).

4.1.3 Testpsychologische Untersuchungen

Da ADHS einer klinischen Diagnose unterliegt, existiert kein testpsychologisches Verfahren, mit welchem eine ADHS definitiv ermittelt werden kann. Zwar können Impulsivität und Aufmerksamkeit mithilfe von neuropsychologischen Tests erfasst werden, jedoch sind sie für eine abschließende Diagnose nicht aussagekräftig genug. Solche Tests werden miteinander kombiniert, um die Fehlerquote einzudämmen, da es vorkommt, dass mit solchen Tests Kinder als unauffällig eingestuft werden, die in der Schule jedoch als auffällig gelten. Daher ist es notwendig zu prüfen, ob klinische Korrelate der ADHS vorliegen, um neuropsychologische Auffälligkeiten einschätzen zu können. Nebenbei ist eine Leistungs-, Intelligenz- und Entwicklungsdiagnostik bei Kindern mit ADHS empfehlenswert, da zum einen, wie schon in Kapitel 3 erwähnt, die Symptomatik ein Anzeichen auf schulische Überforderungen repräsentieren kann. Zum anderen geht eine ADHS vermehrt mit Leistungs- und Entwicklungsdefiziten einher (vgl. Bundesärztekammer 2007, S. 16f).

Testpsychologische Untersuchungen werden ebenfalls dann angewendet, wenn Dysfunktionen der Leistung oder des Verhaltens (z.B. Legasthenie) als Ursache für ADHS-typische Symptome gehalten werden (vgl. Ackermann-Stoletzky/Stoletzky 2004, S. 21).

4.1.4 Verhaltensbeobachtung

Bei der Verhaltensbeobachtung wird der Patient bzw. das Kind während verschiedenen Situationen beobachtet und beurteilt. Hierbei sollen vor allem Situationen betrachtet und geschaffen werden, die deutlich unstrukturiert sind, da hier die Symptome auffälliger zum

---

[2]Vgl. online im Internet: http://www.zentrales-adhs-netz.de/fuer-therapeuten/materialien/diagnostik-kiju.html#c437, Stand: 02.06.13.

Vorschein kommen, als in einer strukturierten und unbekannten Umgebung wie einer Arztpraxis. Ein Beispiel für eine unstrukturierte Situation wäre die Erledigung von Hausaufgaben, die für das Kind subjektiv als langweilig aufgefasst wird. Zeitgleich erfordert sie ein Mitdenken. Dies findet somit in einer Umgebung mit geringer Stimulation statt. Ebenfalls geeignet sind Beobachtungen in Situationen, die mit geringer Kontrolle und Zuwendung seitens der Eltern oder Erzieher einhergehen, während bei externer Stimulation wie Fernsehen und Konsolenspiele die Symptome nicht im vollen Ausmaße zum Tragen kommen.

Hieraus ergibt sich, dass eine ADHS niemals ausgeschlossen werden kann, wenn es dem Kind in fremden eins zu eins (Arzt – Patient) Situationen gelingt einer Tätigkeit nachzugehen, ohne dass naheliegende Symptome zum Vorschein kommen. Videoaufnahmen aus dem familiären Umfeld können dabei helfen, bessere diagnostische Werte zu erzielen (vgl. Rösler et al. 2010, S. 32f).

4.1.5 Organische Diagnostik

Die organische Diagnostik dient der Überprüfung, eventueller organischer Schäden oder Krankheiten, die ähnliche Symptome der ADHS bewirken können. Spezifische körperliche Merkmale, die für eine ADHS typisch sein könnten, bestehen derweil nicht (vgl. Bundesärztekammer 2007, S. 17).

Jedoch ist es bezüglich einer Diagnostik wichtig, neurologische Basisuntersuchungen durchzuführen. So werden zum einen Größe und Kreislaufparameter erfasst und zum anderen neurologische Defizite nebst Hör- und Sehfähigkeit festgehalten. Ebenfalls ausgeschlossen werden sollten somatische Erkrankungen (vgl. Rösler et al 2010, S. 33f).

5 Ursachen

Zunächst ist vorauszuschicken, dass die Ursache für eine ADHS bis heute nicht ganz geklärt ist, jedoch deuten wissenschaftliche Untersuchungen darauf hin, dass wie bei anderen psychischen Erkrankungen ein Zusammenspiel mehrerer Ursachen vorliegt. Es wird davon ausgegangen, dass genetische Faktoren zu funktionellen und strukturellen Veränderungen auf biochemischer, neurophysiologischer und neuroanatomischer Ebene führen und somit die Entstehung einer ADHS begünstigen. Dazu gehört auch die erblich bedingte Störung des Transmitterstoffwechsels, die zu einer Beeinträchtigung der kognitiven Fähigkeiten beiträgt (vgl. Kahl et al. 2012, S. 7). Störungen sind hierbei die Mangelerscheinung von Neurotransmittern wie Dopamin und Noradrenalin, die eine verminderte Informationsübertragung im Gehirn verursachen und somit die Verarbeitung und Weiterleitung von Nervenimpulsen beeinträchtigen. Diese Fehlfunktion äußert sich in einer Reizfilterschwäche des Betroffenen, da sämtliche Reize demnach ungefiltert in das Bewusstsein des Kindes treten und es wichtiges von unwichtigem nicht unterscheiden kann (vgl. Alfred et al. 2007, S. 20).

Durch verschiedene Verfahren in der Bildgebung konnte bei ADHS-Patienten eine „insgesamt diffusere Aktivierung zentraler Netzwerke" registriert werden (Kahl et al. 2012, S. 9). Damit ist eine präfrontale Dysfunktion gemeint, die neuropsychologisch mit defekten Exekutivfunktionen, also die Funktionen, mit denen Menschen ihr Verhalten unter Berücksichtigung von Umwelteinflüssen steuern, einhergeht (vgl. Kahl et al. 2012, S. 9).

Formalgenetische Befunde deuten auf eine Ansammlung von Störungen innerhalb bestimmter Familien hin, was auf genetische Ursachen zurückzuführen scheint. So erhöht sich das Risiko, an ADHS zu erkranken, bei Eltern mit ADHS um das zwei bis achtfache im Gegensatz zu gesunde Eltern (vgl. ebd., S. 8).

Hinzu kommt, dass der Kontakt mit Nikotin und Alkohol während der Schwangerschaft zu Verhaltensauffälligkeiten und kognitiven Defiziten beitragen und somit später ein erhöhtes Risiko für ADHS und eine Störung des Sozialverhaltens darstellen kann (vgl. Heinemann/Hopf 2006, S. 14).

Ebenso spielen neben den biochemischen auch die sozialen Faktoren eine wichtige Rolle bei der Entstehung und Aufrechterhaltung des ADHS. Es wird davon ausgegangen, dass, je höher die Familienfunktion mit allen Komponenten wie z. B. Einkommen und Lebensraum eingeschränkt ist, die Symptome in ihrer Ausprägung stärker sind (vgl. Alfred et al. 2007, S. 22). Psychosoziale- und Umweltfaktoren sind zwar nicht die primären Ursachen, jedoch können auch sie Einfluss auf die Ausprägung sowie auf den Verlauf der Krankheit nehmen (vgl. Kahl et al. 2012, S. 10).

6 Verlauf

Bevor der Verlauf einer ADHS detailliert beschrieben werden kann, ist es notwendig noch einmal auf ein paar Fakten bezüglich der Symptome zurückzukommen, um den Zusammenhang der beiden Punkte besser zu verdeutlichen. Die Symptomatik einer ADHS ist weitgefächert und „das eine Bild der ADHS" gibt es nicht (Alfred et al. 2007, S. 18). Wie schon im Laufe der Arbeit erklärt wurde, wird eine Unterscheidung der Betroffenen in zwei Gruppen vorgenommen: Zum einen in impulsive und hyperaktive Patienten und zum anderen in Aufmerksamkeitsstörungen. Bei den daraus entstehenden, ebenfalls erwähnten, Subtypen handelt es sich um den *vorwiegend unaufmerksamen Typ*, den *vorwiegend hyperaktiven-impulsiven Typ* und den *Kombinationstyp* (vgl. Kapitel 3). Im ersten Typ spiegelt sich der sogenannte „Hans-guck-in-die-Luft", der sich durch Verträumtheit, Langsamkeit und Ängstlichkeit auszeichnet. Der hyperaktiv-impulsive Typ dagegen zeichnet sich unter anderem durch Unruhe und unangemessenes Verhalten in der Öffentlichkeit bis hin zur Aggressivität aus. Der Mischtypus letztlich vereint beide Formen und manifestiert sich durch eine Beeinträchtigung der Aufmerksamkeit und motorische Unruhe (vgl. Alfred et al. 2007, S. 25).

Der Verlauf einer ADHS indes ist charakterisiert durch einen Symptomwandel und zudem gekoppelt an eine erhöhte Wahrscheinlichkeit von komorbiden Erkrankungen (vgl. Kapitel 4). Ferner steht die Erkrankung im weiteren Verlauf in einem engen Kontext mit psychischen Störungen, so zum Beispiel Störungen in der Entwicklung und des Sozialverhaltens (vgl. Kahl et al. 2012, S. 5).

Erste sichtbare Anzeichen von Symptomen bezüglich Hyperaktivität/Impulsivität sind schon im Säuglingsalter zu verzeichnen, die sich jedoch unspezifisch äußern und nur aufgrund familiärer Veranlagung ernst zu nehmen sind (vgl. Simchen 2003, S. 11). So beschreiben manche Eltern ihre Kinder bereits im Kleinkindalter als schwierig im Umgang, da sie durch hohe Erregbarkeit, Unruhe und vermehrtes Schreien auffallen. Hinzu können dann noch Probleme beim Schlaf- und Essverhalten auftreten sowie die Zurückweisung von Körperkontakt. Im Kindergarten zeigen sie dann typische Verhaltensweisen wie mangelnde Verhaltenssteuerung, geringe Impulskontrolle und geringe Ausdauer bei etwaigen Spielsituationen. Erschwerend hinzu können negativer Ordnungssinn, Trotzreaktionen, Wutausbrüche und das übermäßige Konsumieren von Fernsehen und Videospielen kommen. Bei bis zu 50% der Kleinkinder sind sprachliche Entwicklungsverzögerungen oder motorische Defizite festzustellen, die sich bis in die Schule hinein weiter steigern. Dort können sich die Problematiken aufgrund der zunehmenden Impulsivität bzw. Hyperaktivität kombiniert mit der Aufmerksamkeitsstörung zuspitzen, was zu einem erhöhten Risiko für schulische Leistungsprobleme führen kann. Daraus ergibt sich aufgrund des Unvermögens, Situationen und Reaktionen anderer auf das eigene Verhalten richtig zu verstehen bzw. zu erfassen, ein Gefühl des Unverstanden seins des Betroffenen, gepaart mit ungerechter Beurteilung und Behandlung. Nicht selten schließen diese Punkte zusätzliche Problematiken in der Sauberkeitserziehung mit ein (vgl. Alfred et al. 2007, S. 16).

Das hyperaktive Kind, also der vorwiegend unaufmerksame Typ, zeichnet sich hingegen im Säuglingsalter durch Symptome wie unruhiger Schaf und unstillbares Weinen aus. Ebenfalls treten Entwicklungsstörungen auf und es fällt den Betroffenen schwer, eine Tätigkeit über einen langen Zeitraum auszuführen, weshalb sie diese stetig wechseln. Im Sozialverhalten mit anderen Kindern ist es nur schwerlich in der Lage sich durchzusetzen, weswegen es schnell aufgibt und relativ unselbstständig ist. Zur Kindergartenzeit fällt das Kind aufgrund von weinerlichem und anhänglichem Verhalten auf. Ferner fällt es ihm schwer, sich in eine Gruppe einzubringen, sei es beim Sport oder anderen Tätigkeiten. Hier wartet es dann am Rand bis es aufgefordert wird, mitzumachen. Jedoch kann es sich hier dann sehr aktiv zeigen und besitzt dabei einen positiven sozialen Gerechtigkeitssinn. In der Schulzeit tritt es dann unscheinbar bzw. unaufdringlich auf und wird als verspielt angesehen. Aufgrund dieser Verträumtheit hat es Probleme, dem Unterrichtsstoff zu folgen und hat dementsprechend ebenfalls schulische Probleme. Bei solchen Kindern treten dann eher Lern- und Leistungsstörungen auf als Verhaltensprobleme, was zu einer Ansammlung von Misserfolgen führt (vgl. ebd., S. 17).

Im Jugendalter überwiegen neben den Schulproblemen häufig Symptome wie Stimmungsschwankungen, vermindertes Selbstwertgefühl, mangelnde Entscheidungsfähigkeit und leichtsinniges Verhalten gegenüber Risiken (Alkohol, Drogen etc.). Wegen ihrer infantilen Persönlichkeit fehlt es oft an gesellschaftlich erwünschtem Verhalten. Indes besteht auch die Möglichkeit, dass sich im späten Jugendalter die Symptomatik bei manchen Patienten degeneriert und alleinig eine Komorbidität wie etwa eine Depressionen oder Persönlichkeitsstörungen zurückbleibt (vgl. Rösler et al. 2010, S. 35).

Abschließend lässt sich sagen, dass eine ADHS sich auch nach der Pubertät nicht verwächst und sie entweder vollausgeprägt oder als Teilsymptomatik zurückbleibt. Lediglich die Symptome verändern sich im Erwachsenenalter und häufig wandelt sich die äußere Unruhe (Hyperaktivität/Impulsivität) in die Unaufmerksamkeit. Junge Erwachsene mit ADHS haben aufgrund der oben aufgeführten Punkte dementsprechend ein höheres Risiko, eine schlechte Schulausbildung zu erfahren und infolgedessen vermehrt Probleme im Arbeitsleben und im Sozialverhalten (vgl. Kahl et al. 2012, S. 5).

7 Fazit

Die Ausführungen zum Phänomen ADHS und deren Bedeutung sind mannigfaltig und in dieser Arbeit wurde nur ein kleiner Teil des Gesamtzusammenhanges erläutert, da unter anderem, wie schon anfangs erwähnt, die Therapiemaßnahmen mit der dazugehörigen kontroversen Diskussion bezüglich der Medikation mit Methylphenidat etc. u. a. außer Acht gelassen wurde. Ferner sind der Unterschied zwischen den Geschlechtern, der Umgang mit ADHS-Patienten sowie das Fortsetzen der Symptomatik ins Erwachsenenalter nicht berücksichtigt worden. Nichtsdestotrotz konnte festgestellt werden, dass es sich bei der ADHS sehr wohl um ein Störungsbild handelt und dies schon seit Jahrzehnten vorhanden ist, auch wenn die Meinungen über die Symptomatik und Ursachen sich gewandelt haben (vgl. Kapitel 2 und 3).

Ob die Zunahmen der ADHS-Diagnosen allerdings so sprunghaft, wie anfangs von der Barmer Krankenkasse erwähnt, angestiegen und ernst zu nehmen sind, bleibt zu hinterfragen, da die Ausführungen zu Kapitel 3 und 4 eindeutig zeigen, dass eine Diagnose nur mit entsprechender Erfahrung und unter Berücksichtigung aller dort genannten Kriterien erfolgen kann. In Anbetracht dieser Tatsachen kann es durchaus sein, dass es punktuell zu vermehrten Fehldiagnosen kommt und dadurch der Eindruck einer „Generation ADHS" geweckt wird. Dieser Fakt wird dadurch bestärkt, dass die Steigung der Diagnosen eine Folge der zunehmenden wissenschaftlichen Kenntnisse sowie der therapeutischen Maßnahmen des Störungsbildes sein könnten (vgl. Streif 2013, S. 1). Ungeachtet dessen handelt es sich bei dem Bericht der Barmer um die Untersuchungen einer einzelnen Krankenkasse und deren Mitglieder und somit sind längst nicht alle Patienten abgedeckt, was eine flächendeckende Übertragung unmöglich macht. Ebenfalls bleibt dort unerwähnt, dass eine ADHS häufiger bei Personen diagnostiziert wird, die den Mischtypus oder den vorwiegend hyperaktiven Typ aufweisen, da sie durch störendes Verhalten auffallen. Somit bleibt der vorwiegend Unaufmerksame Typ eher verborgen und wird als „Hans-guck-in-die-Luft" abgestempelt (vgl. Zaudig et al 2000, S. 37). Hinzu kommt der Umstand, dass das Erscheinungsbild der ADHS mit mindestens einer komorbiden Begleiterkrankung einhergeht und die Diagnose somit zusätzlich erschwert wird (vgl. Rösler et al 2010, S. 36). Nur bei einer geringen Anzahl von jungen Patienten gibt es eine „reine" ADHS und somit sollte intensiv nach jenen Komorbiditäten gesucht werden. Letztlich ist hierzu noch zu sagen, dass die Differentialdiagnose der ADHS ein breites Spektrum psychiatrischer Störungen umfasst und dadurch die Umsichtigkeit mit der Diagnose noch einmal hervorgehoben wird (vgl. ebd., S. 41f). Verkompliziert wird das Ganze durch zwei anerkannte Klassifikationssysteme (vgl. Kapitel 3).

Als Folge aller genannten Tatsachen kann es nun dazu kommen, dass bei einem Kind, welches bestenfalls normale Aktivität zeigt, durch die Ärzte eine ADHS diagnostiziert wird, ohne vorher zu überprüfen, was in derselben Entwicklungs- und Altersstufe als normal gilt, oder aber ob es sich um ein anderes Krankheitsbild handelt (vgl. Zaudig et al 2000, S. 36).

Somit bestätigt sich der Verdacht, dass in vielen Fällen voreilig eine ADHS diagnostiziert wird, angefangen bei Eltern und Lehrern, die dazu neigen, jeden „Zappelphilipp" einen ADHS-Patienten zu nennen. Diese Tendenz mag sogar aktuell durch die Medien bestärkt werden, da sich unzählige Sendungen, Reportagen und Beiträge mit dieser Thematik beschäftigen. In vielen Fällen kann daher, in diesem Zusammenhang, von der „Generation ADHS" bzw. Modekrankheit gesprochen werden, die vorgeschoben wird, um Erziehungsdefizite, familiäre Probleme und Ähnliches zu überspielen.

Fachlich gesehen sind die Begriffe wie Modekrankheit und die anfangs erwähnte „fabrizierte Krankheit" jedoch aufgrund der im Laufe der Arbeit genannten Tatsachen mehr als fraglich. Die Expertenmeinungen gehen diesbezüglich jedoch weit auseinander, da vielerorts angenommen wird, es handle sich bei dem Phänomen ADHS um eine Erfindung der Pharmaindustrie, um mittels der entsprechenden Medikamente Millionenbeträge zu generieren und das vielmehr natürliche Faktoren maßgebend sind als Genetische, die auf ein psychisches Krankheitsbild schließen lassen[3]. Daneben ergibt sich zusätzlich die Frage, ob die ADHS durch die moderne Gesellschaft zusätzlich gefördert wird. All diese Punkte werden und wurden in weiteren umfangreichen und fundierten Untersuchungen zu erklären versucht.

Als Fazit für diese Arbeit lässt sich abschließend festhalten, dass es sich, auf Grundlage der vorherigen Kapitel, bei einer ADHS um eine psychische Störung handelt und das wirklich Betroffene unter einer schwerwiegenden Krankheit leiden, die eine intensive Therapie nötig werden lässt. Alles Weitere obliegt der Klärung durch die Wissenschaft.

---

[3] Vgl. online im Internet: http://info.kopp-verlag.de/hintergruende/deutschland/eva-herman/ritalin-wie-die-pharmaindustrie-unsere-kinder-vorsaetzlich-zerstoert.html , Stand: 12.06.13.

Literaturverzeichnis

Ackermann-Stoletzky, Karin / Stoletzky, Cyrill (2004): Das ADS-Handbuch, Brendow-Verlag, Leck.

Adam, Alfred et al. (2007): ADHS-Praxishandbuch: Die Aufmerksamkeitsdefizit-, Hyperaktivitätsstörung (AD/HS) und ihre Begleiterkrankungen, ADHS-Zentrum München, München.

Beikler, Sabine (2013): Arztreport: Experten warnen vor „Generation ADHS". Online unter http://www.tagesspiegel.de/weltspiegel/arztreport-experten-warnen-vor-generation-adhs/7703280.html , Stand: 15.05.13

Heinemann, Evelyn / Hopf, Hans (2006): AD(H)S: Symptome, Psychodynamik, Fallbeispiele, Psychoanalytische Theorie und Therapie, Kohlhammer, Stuttgart.

Kahl, Kai G. et al. (2012): Praxishandbuch ADHS[2], Georg Thieme Verlag, Stuttgart.

Rösler, Michael et al. (2010): Diagnose und Therapie der ADHS, Kinder-Jugendliche-Erwachsene, Kohlhammer, Stuttgart.

Saß, Henning et al. (2001): Diagnostisches und Statistisches Manual Psychischer Störungen DSM-IV[3], Hogrefe, Göttingen.

Simchen, Helga (2003): Die vielen Gesichter des ADS[1], Kohlhammer, Stuttgart.

Streif, Johannes (2013): „ADHS ist keine Modekrankheit". Online unter: http://www.zeit.de/gesellschaft/zeitgeschehen/2013-01/adhs-behandlung-psychologe-johannes-streif, Stand: 11.06.13

Uhlmann, Berit (2013): Barmer-Report zum Zappelphilipp-Syndrom . Online unter: http://www.sueddeutsche.de/gesundheit/barmer-report-zum-zappelphilipp-syndrom-krankenkasse-warnt-vor-generation-adhs-1.1586118 , Stand: 15.05.13

Zaudig, Michael et al. (2000): DSM-IV und ICD-10 Fallbuch[1]. Horgrefe, Göttingen.

Zimbardo, Phillip / Gerrig, Richard (2008): Psychologie[18], Pearson Education Deutschland GmbH, München.

Lightning Source UK Ltd.
Milton Keynes UK
UKHW01f1836191018
330853UK00001B/352/P